Tudo que o seu coração precisa te falar

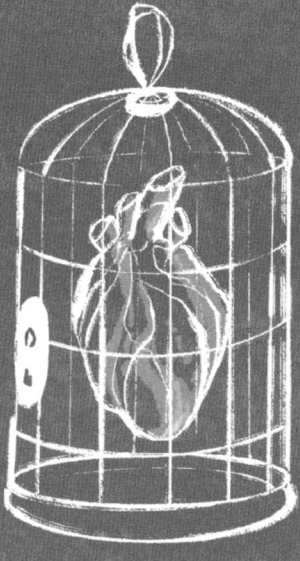

Alexandro Gruber

Tudo que o seu coração precisa te falar

Ilustrado por
André Comanche

:ns

São Paulo, 2023

Tudo que o seu coração precisa te falar
Copyright © 2023 by Alexandro Gruber
Copyright © 2023 by Novo Século Editora Ltda.

EDITOR: Luiz Vasconcelos
GERENTE EDITORIAL: Letícia Teófilo
PRODUÇÃO EDITORIAL: Lucas Luan Durães
PREPARAÇÃO: Marina Montrezol
PROJETO GRÁFICO, DIAGRAMAÇÃO E COMPOSIÇÃO DE CAPA: Ian Laurindo
REVISÃO: Gabrielly Saraiva
ILUSTRAÇÕES DE MIOLO E CAPA: André Comanche | @do.conto.ao.traco

Texto de acordo com as normas do Novo Acordo Ortográfico da Língua Portuguesa (1990), em vigor desde 1º de janeiro de 2009.

Dados Internacionais de Catalogação na Publicação (CIP)
Angélica Ilacqua CRB-8/7057

Gruber, Alexandro
  Tudo que o seu coração precisa te falar / Alexandro Gruber; ilustrações André Comanche -- Barueri, SP: Novo Século Editora, 2023.
  160 p.: il., color.

ISBN 978-65-5561-566-1

1. Autoajuda 2. Autoconhecimento I. Título II. Comanche

23-1786   CDD 158.1

Índices para catálogo sistemático:
1. Autoajuda 2. Autoconhecimento

GRUPO NOVO SÉCULO
Alameda Araguaia, 2190 – Bloco A – 11º andar – Conjunto 1111
CEP 06455-000 – Alphaville Industrial, Barueri – SP – Brasil
Tel.: (11) 3699-7107 | E-mail: atendimento@gruponovoseculo.com.br
www.gruponovoseculo.com.br

Para você que, talvez, no dia de hoje, esteja precisando de algo que te faça lembrar da força que você tem: desejo que este livro te ajude a relembrar que você é capaz de muito, e que todas as respostas estão em seu coração.

— Por que temos que escutar o coração? – perguntou o rapaz quando acamparam aquele dia.

— Porque, onde ele estiver, é onde estará o seu tesouro.

[...]

— Meu coração tem medo de sofrer – disse o rapaz para o Alquimista, uma noite em que olhava o céu sem lua.

— Diga para ele que o medo de sofrer é pior do que o próprio sofrimento. E que nenhum coração jamais sofreu quando foi em busca de seus sonhos, porque cada momento de busca é um momento de encontro com Deus e com a eternidade.

Paulo Coelho
O Alquimista

Prefácio do autor

Hoje seu coração precisa te falar que vai ficar tudo bem.

Que você vai superar aquela dor que lhe aflige, vai encontrar meios de alcançar o sonho que te motiva, vai lembrar da força que você tem e de quantas coisas você é capaz de realizar quando ama a si mesmo. Lembre-se que tudo passa... nenhuma dor é para sempre. Apenas confie no processo.

Hoje seu coração precisa te falar que está tudo bem não ser perfeito – ninguém é –, e que a culpa pelos seus enganos, já passados, está apenas envenenando a sua alma. Por isso, aprenda: perdoe-se e siga em frente. O que faz de você uma pessoa diferente é a capacidade de aprender com os seus próprios tropeços e de se permitir ser uma versão melhor de si.

Hoje seu coração precisa te falar que você tem se esforçado muito, e que descansar faz parte da trajetória, pois é importante saber o momento de fazer pausas. O descanso e o autocuidado também são formas de se amar.

Hoje seu coração precisa te falar que pessoas podem ir e vir e que, no final, é o seu amor por você mesmo que permanece, e é dele que você precisa.

Hoje seu coração precisa te falar que viver é ser autêntico, e que a vida vale muito mais a pena se você estiver vivendo a sua verdade. Pois é quando você entrega a sua essência que tudo passa a fazer sentido, e todas as portas se abrem em sua vida.

Existe uma sabedoria profunda em você, e enquanto você ouvir tudo que seu coração precisa te falar, você sempre saberá o que precisa fazer para ser feliz.

"Nem um milhão de aplausos te dão a força que você alcança quando acredita em si mesmo."

Ninguém completa ninguém, as pessoas se acrescentam.

Sua felicidade é intransferível. Você pode compartilhar a sua felicidade com alguém, mas jamais terceirizá-la. Por mais que alguém te faça bem, esse alguém jamais pode ou deve atender às suas expectativas ou sustentar o seu bem-estar emocional.

Viver é sentir, fazer trocas, compartilhar momentos, aprendizados e experiências. Quem se apoia no outro para ser feliz, uma hora cai na decepção da realidade humana, que consome todas as fantasias e ilusões. Quem sabe conviver e permite que o outro "faça parte" dessa felicidade aprendeu a fluir na beleza das conexões reais!

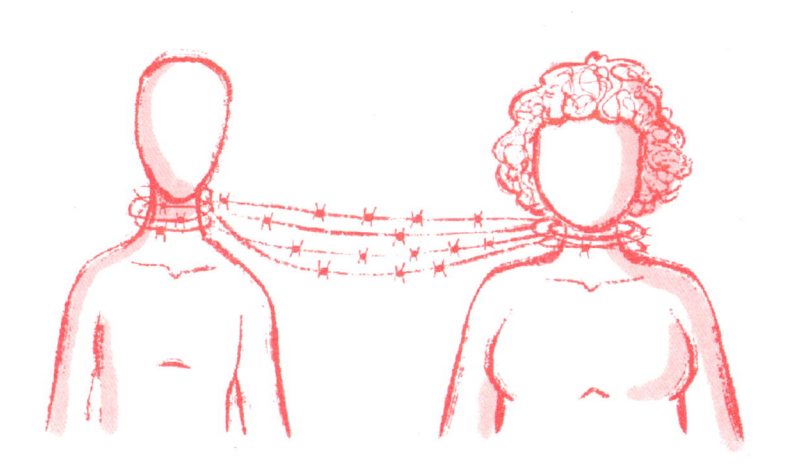

"Não importa o que você faça, você nunca será valorizado pela pessoa errada. Você jamais deve se culpar por isso e nem permanecer com alguém que não te enxergue de verdade."

Costurar-se e remendar-se é a beleza do recomeçar.

Que você aprenda a costurar suas asas sempre que alguém tentar rasgá-las ou sabotar seu voo. Às vezes, alguns acontecimentos te deixarão em pedaços. Mas que você se lembre da beleza de se remendar por dentro. Como dizia o poeta Guimarães Rosa: "Viver é um rasgar-se e remendar-se". Somos esses tecelões da nossa própria história, costureiros emocionais dando pontos em nossas feridas internas. O importante é nunca deixar faltar esse fio da esperança que junta nossos pedaços e nos faz recomeçar.

"É permitido chorar quando for preciso. O choro não é fraqueza, mas, sim, limpeza! O choro também vem para lavar por dentro e ajudar a ressignificar as emoções."

"Quando as lágrimas lhe inundarem a alma, permita-se aprender a navegar na própria dor. Deixe que elas lhe conduzam às terras da paz das quais seu coração precisa."

Não é a solidão que deveria te assustar, o que deveria te assustar é passar sua vida ao lado de uma pessoa vazia.

É preferível uma solidão que te dê paz à uma companhia que te tire o sossego.

O medo nunca deveria ser de estar só, mas de permanecer ao lado de pessoas vazias apenas por receio da solidão.

A solidão bem-administrada e bem-vivida é espaço para seu crescimento interno e externo. É tempo de ressignificação e reencontro consigo. É espaço aberto para a chegada de quem vem para acrescentar.

Uma solidão bem-vivida vale mil vezes mais do que companhias pela metade. Quando você perde o medo de estar só, você só aceita ao seu lado alguém que te faça tão bem quanto a sua própria companhia.

"Você não pode continuar ao lado de alguém que te faz questionar o seu próprio valor e acreditar que isso é amor. O amor de verdade nunca faz você se sentir pequeno."

Ninguém vai chegar para te salvar.

 Já acreditei que um dia alguém chegaria para curar o meu coração.

 Hoje compreendo que essa tarefa é somente minha. Que não existem pessoas perfeitas e muito menos salvadoras. Entendi que sou eu o meu próprio salvador, e que qualquer pessoa que chegue à minha vida, mesmo que estabeleça uma conexão comigo, será alguém imperfeito, e que seremos duas pessoas imperfeitas, dispostas a trabalhar para serem melhores em nome do amor. Mas não faço dessa chegada uma condição para ser feliz. Amor deve ser encontro, e não procura. Um acréscimo, mas jamais uma dependência!

"Ciclos repetitivos só se quebram com novas atitudes."

Relacionamento é trabalho a dois, e não trabalho dobrado.

Esforçar-se em um relacionamento é diferente de forçar alguém a ficar. Trabalhar para a relação crescer não é o mesmo que fazer por dois. Porque é preciso mais que estar no mesmo barco. É necessário remar na mesma direção. E remar junto! Quando o amor só vem de um lado, talvez seja a hora de parar de amar por dois e se dar o amor que você não recebia.

"Alguns machucados levam tempo para cicatrizar. Mas é importante lembrar: não alimente as suas dores! O tempo por si só não vai curar a ferida que você cutuca todos os dias."

"Só porque algo ainda dói dentro de você, não quer dizer que vai doer para sempre.

A inconformidade, a mágoa e o ressentimento apenas fazem a ferida ficar maior.

Procure não se prender à lembrança daquilo que um dia te machucou.

Foque em você e em tudo de bom que você merece viver.

Conforme o tempo passar, você verá que já não dói como antes. Pois tudo passa, menos o que você não deixa passar.

É normal doer durante um tempo. Só não se prenda à dor."

Quem muito tenta se proteger da dor deixa de viver.

A vida é para aqueles que têm a coragem de se expor. De se expor para o amor, para os sonhos, para a doce aventura de existir. É quando nos despimos da nossa armadura que a vida real nos toca. Isso não quer dizer que não precisamos ter cuidado e cautela com algumas coisas. Quer dizer que não devemos deixar que a cautela vire medo e que esse medo nos paralise e nos prive de viver de verdade. Viver é abrir-se para a possibilidade de, em alguns momentos, se machucar. Mas sem se esquecer de estar ali quando isso acontecer, para enxugar as lágrimas, cuidar da ferida, se dar o afeto necessário, alcançar a cura e seguir em frente. Dores não são para sempre. E o medo da dor não pode ser maior do que a vontade de ser feliz.

"Aquela sua versão que cometeu erros no passado é a mesma que te proporcionou lições e te ajudou a fazer nascer essa pessoa mais madura que você é hoje.

Perdoe-se. Os seus erros do passado também te ajudaram a direcionar o caminho certo, lhe mostrando as estradas que não eram boas para você."

Se dê a mão!

Se dê a mão sempre que alguém soltar a sua. Se dê a mão quando o caminho parecer escuro e você achar que não tem forças para seguir.

Se dê a mão quando tudo parecer estar conspirando contra você.

Se dê a mão quando se sentir pequeno e impotente.

Se dê a mão quando todos com quem você contava não estiverem por perto.

Se dê a mão quando seu coração te pedir coragem para viver seus sonhos.

Nem sempre alguém estará ao seu lado para lhe dar forças para continuar. Mesmo que você esteja acompanhado, ninguém caminhará por você. A força precisa vir, primeiramente, de dentro de ti. Seja sempre o seu maior apoio.

Por isso, se dê a mão. E jamais solte!

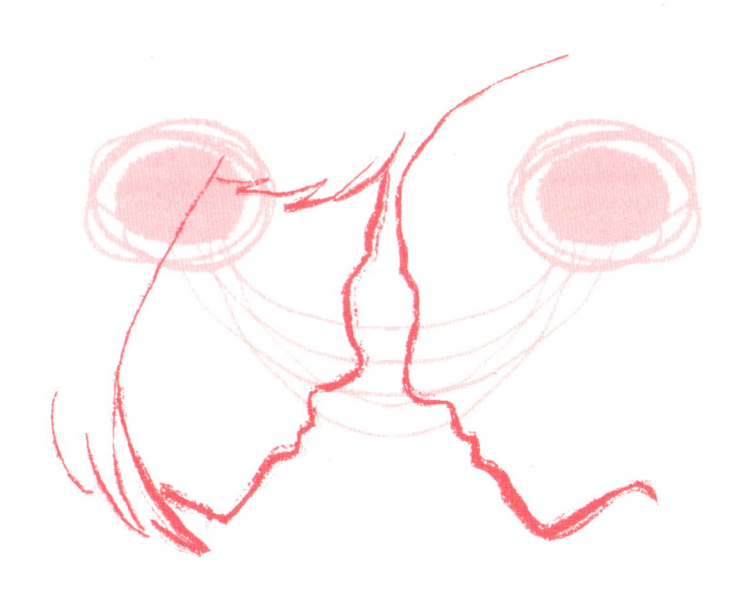

"Ter sintonia com alguém é como dançar com essa pessoa no ritmo de uma música que só vocês ouvem."

Ser diferente é o preço que se paga para quem escolheu ser fiel a si mesmo.

Ser diferente é a sina de quem se rebelou contra o mundo e escolheu viver a própria história.

É o preço que pagam aqueles que se vestiram de si mesmos e brincaram de ser quem são.

Ser diferente é admitir a própria unicidade. Não é ser do contra. Não é se levar pelo ego. É se permitir despir o personagem.

Ser diferente vai te custar muita coisa. Mas, acredite, os iguais jamais viverão vidas extraordinárias.

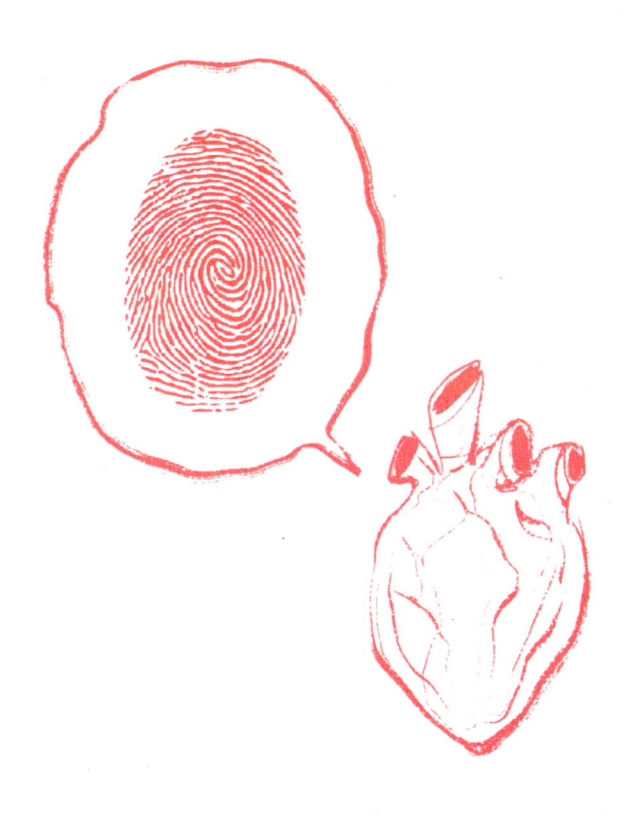

"Em vez de rejeitar a dor, procure estudar como e por que ela surgiu. Não queira apenas se livrar do sintoma sem antes entender sua causa. A dor está apenas te apontando o que realmente necessita de cura."

Você não vai ser feliz até aprender o poder de dizer não.

Dizer não é necessidade da alma. É traçar limites saudáveis. É não se permitir ser invadido pelo que é abusivo. É não trair a si mesmo nem viver só para agradar. Dizer não com consciência é saber que nem tudo está ao seu alcance, e que nem tudo precisa ser permitido, nem tudo é necessário, nem tudo te faz bem. Quando você diz sim ao outro, querendo dizer não, você se nega a si mesmo. É preciso aprender a dizer não para preservar o coração.

"Não deixe para se amar quando você chegar à perfeição – que, na verdade, é inatingível."

"Os momentos em que você erra, os dias difíceis que você tem ou as situações nas quais você se sente rejeitado são os mesmos que você mais precisa se amar.

É o seu amor por si mesmo que te salva e te fortalece quando você mais precisa."

Nunca se sinta mal por escolher cuidar bem da sua saúde mental.

Muitas pessoas tentarão te convencer de que se priorizar é egoísmo, e tentarão fazer você se sentir culpado por escolher cuidar de si. Mas lembre-se de que as pessoas que se incomodam com os limites que você impõe são as mesmas que se aproveitavam de você quando eles não existiam.

Traçar limites não é egoísmo ou maldade, é necessidade. Você não precisa se negar a tudo, porém deve sempre se proteger daquilo que lhe é abusivo. Não há necessidade de julgar essas pessoas ou criticá-las, elas agem apenas dentro dos limites que têm. Mas não deixe que a manipulação emocional alheia faça você se sentir mal por cuidar bem da sua saúde mental.

Dias cinzentos não são dias ruins, são dias necessários.

Os dias mais cinzentos em nossa vida nos pedem pausas. São os momentos em que a vida pede recolhimento interno e, acima de tudo, pede acolhimento das nossas emoções. Assim como o céu tem os seus dias nublados, nosso mundo interior também tem dias em que o sol não brilha dentro de nós. Mas isto não é motivo para desespero. É momento de descanso, introspecção, paciência e serenidade. É momento de fazer um chá ou um café, de deixar, talvez, algumas lágrimas caírem para limpar as emoções, de despertar sonhos adormecidos e questionar o que faz ou não sentido em nossas vidas.

Todos precisam desses momentos. Eles servem para recarregar as baterias da alma e do coração e ganhar força para quando o sol brilhar novamente e nos chamar de volta para a caminhada.

Ninguém tem a obrigação de atender às suas expectativas.

Você continuará se ferindo sempre que alimentar expectativas demais sobre as pessoas e esperar que elas sejam atendidas. Para o bem do seu coração, é fundamental que você entenda que as pessoas são apenas o que elas conseguem ser. E você não pode culpar alguém por ser diferente daquilo que você projetou em sua mente. É natural criar uma certa expectativa sobre o outro. Porém, é necessário ter consciência para admitir que ele pode até ter responsabilidade sobre o que promete ou afirma ser, mas jamais sobre aquilo que você imaginou que ele fosse. Aprender a identificar quando você está esperando demais das pessoas e controlar isso é passo fundamental para o seu bem-estar emocional.

"Lindo é quem é presente de corpo e alma.

Pois qualquer um pode estar próximo fisicamente. Mas se conectar com você também de mente e coração é coisa para poucos. Valorize essas conexões que não se explicam."

A sua humanidade é o que você tem de mais bonito.

Abrace as suas imperfeições sem medo de se admitir humano, falho e vulnerável. Na vida ninguém está pronto, todos estamos em constante crescimento. O perfeccionismo só te leva a uma estrada cheia de cobranças e frustrações. Somente quando você acolhe o seu lado humano e real é que você se abre para viver em paz. Sua humanidade é seu aspecto mais bonito, e no momento em que você entende isso, você também compreende que é capaz de se perdoar, se amar e viver o que é bom, mesmo sendo uma pessoa imperfeita. Pois a felicidade não é reservada às pessoas perfeitas, mas àquelas que se sabem merecedoras da felicidade, mesmo cheias de defeitos. A sua humanidade também é divina!

"Todos os amores podem ser passageiros.
Menos o próprio!"

Tudo na vida é caminho.

O foco não é o destino, e sim a caminhada. Os lugares por onde você passa, as pessoas que encontra, as conexões que constrói, os aprendizados que obtém, a pessoa que se torna; tudo isso, às vezes, é muito mais valioso do que aonde você chega. Atingir os destinos que seu coração traçou é muito bom, porém viver a jornada em sua plenitude é fundamental. É essa jornada que dá sentido e significado à conquista. E não importa qual caminho você percorra ou até mesmo se você venha a mudar a rota, todo caminho é importante. Pois cada passo dado no caminho e cada vivência obtida na caminhada contribui para o seu progresso e sua realização.

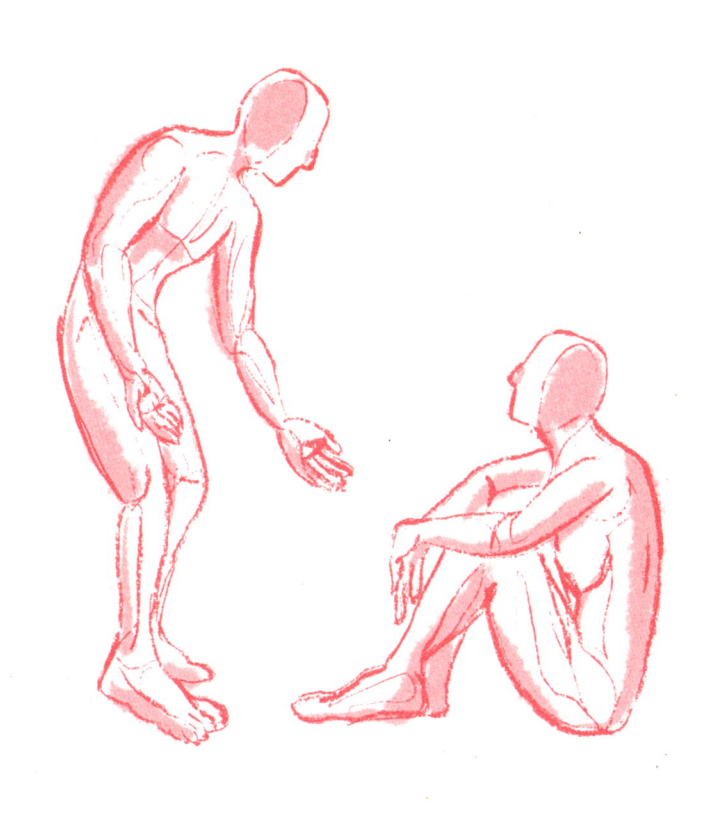

"O amor começa em nós e por nós. E quando menos esperamos, o encontramos também nos olhos de alguém que nos enxergou de verdade."

A evolução pessoal é um grande filtro.

Quando você passa a cuidar de você, do seu progresso e do seu bem-estar externo e principalmente interno, é natural que algumas pessoas se afastem. Muitos não serão mais compatíveis com essa sua nova versão, não entenderão suas escolhas e talvez não estarão ainda maduros para respeitar a sua nova fase e desenvolver um relacionamento sadio com você. Não se ressinta por isso. A evolução pessoal é um grande filtro. Se você está fazendo bem a si mesmo e nenhum mal a ninguém, fique com a consciência tranquila e deixe que as coisas fluam naturalmente. Quem se afastar não pertencia mais ao seu caminho. E quem chegar foi simplesmente atraído até você pela sintonia de propósitos.

Honre a pessoa que você foi um dia, mas não permaneça apegado a ela.

Não se apegue demais às suas antigas versões como se você tivesse um compromisso com o passado. Você não tem nenhuma obrigação de ser a mesma pessoa que já foi. Em essência, você sempre será quem é. Mas a vida trará processos que ajudarão a despertar seus *eus* adormecidos, a fazer nascer um eu mais maduro e consciente. Por isso é natural mudar de gostos, pensamentos, atitudes e companhias ao longo da vida. Certos elementos podem fazer muito sentido em uma fase da sua vida e não fazer nenhum em um outro momento. Honre o seu passado e quem você era, mas não se apegue a isso. O crescimento é constante, e a evolução não para. Se autoconhecer é esse processo

de aprender a se despedir das suas antigas versões e deixar nascer algo novo dentro de si mesmo.

Perdoar para curar.

A mágoa que você sente em relação a alguém não muda o que aconteceu. Nem o perdão tem esse poder de mudar. Não há como mudar o passado. Mas o perdão certamente transforma o seu presente, porque ele te liberta da dor. Perdoar é um presente que você dá a si mesmo. O presente de ficar em paz e viver a sua própria vida com mais leveza, sem que o ressentimento envenene o seu coração e tire o foco da vida que você está construindo. É importante lembrar que as pessoas são falhas, imperfeitas, e que muitos nos ferem com ou sem intenção. Contudo, a limitação do outro não deve nos tornar pessoas amargas nem fechar as portas de vivências melhores. Perdoar não é concordar com o que foi feito. Não é aceitar alguém de volta na sua vida. Perdoar é soltar. Diz respeito a você. É se libertar da dor. Você já viveu tempo demais carregando essa ferida dentro de si. É tempo de soltar para enfim poder curar. Você merece se dar essa paz. Perdoar para que o coração possa ficar leve de novo.

"Leveza é carregar na alma apenas o que é bom. É deixar de lado tudo que pesa — mágoas, culpas, queixas, ressentimentos – e amar um pouco mais.

Pois com o tempo a gente aprende que é desperdício de vida acumular dentro de nós sentimentos que nos adoecem.

Nossa passagem por aqui é curta. Que a gente dê atenção aos sentimentos que valem a pena e tornam nossa vida mais leve e digna de ser vivida."

Dias ruins também passam.

Tem dias que eu sei que são mais difíceis.

Dias em que o peso da própria vida é maior, que a dor é mais profunda, que o medo do futuro parece falar mais alto. Dias nos quais é mesmo difícil se amar e encontrar um sentido para continuar. Mas, quer um conselho? Tenha paciência com esses dias. Todo mundo (eu disse *todo mundo* mesmo) tem dias ruins. Dias em que não encontramos cor ou razão na própria existência. E, para esses dias, calma, leveza e um pouco de compaixão. Não dê tanta atenção nem leve com tanta seriedade os pensamentos negativos que surgem nesses momentos. Faça o que tem de fazer, dê um passo de cada vez e respire fundo. É só um momento. Se dê o direito de sentir-se um pouco mal. Procure aquela pessoa com quem você gosta de conversar, faça algo que te dê prazer ou apenas fique um pouco mais no seu silêncio.

Se dias assim persistirem, procure ajuda especializada. Há muitas pessoas capacitadas para ajudar você.

Porém, o amanhã é outro dia e talvez você já esteja sorrindo novamente, talvez um novo sentido tenha nascido no seu coração e assim você perceba que a vida tem dias bons e outros nem tanto, mas que os dias ruins não definem a sua existência, pois eles também passam!

"Coragem não é cometer loucuras ou agir impulsivamente. Coragem é não deixar que seus medos impeçam você de caminhar rumo aos seus sonhos."

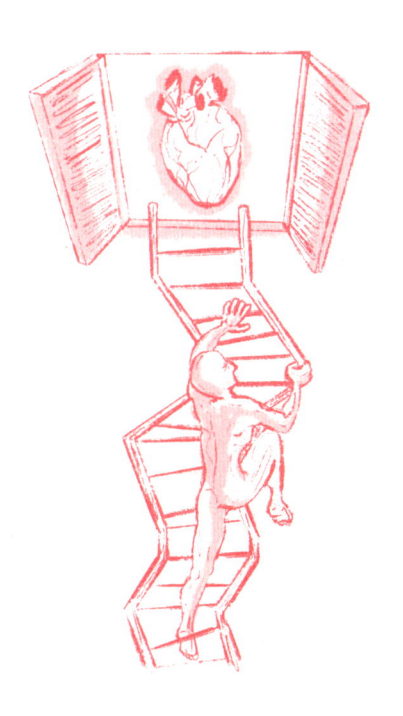

São nas pequenezas diárias que a alma se realiza.

Agradeça pelas coisas simples da vida. Espera-se sempre pelas grandes conquistas para ser grato. Deixa-se a felicidade apenas para os maiores momentos. Mas são nas pequenezas diárias que a alma se realiza, porque felicidade não é aquela coisa que você encontra no final do caminho. Talvez ela também esteja lá, no resultado das suas buscas. (E eu espero que esteja). Só que felicidade mesmo é essa que te visita sem você esperar, naqueles momentos cotidianos, tão simples e tão necessários para a alma, que só você sabe quais são, na particularidade daquilo que faz sentido para você. E é tão bom e importante ser grato por esses momentos. É na coleção dessas gratidões diárias que uma existência plena se constrói.

"Ninguém disse que encerrar ciclos é algo fácil.

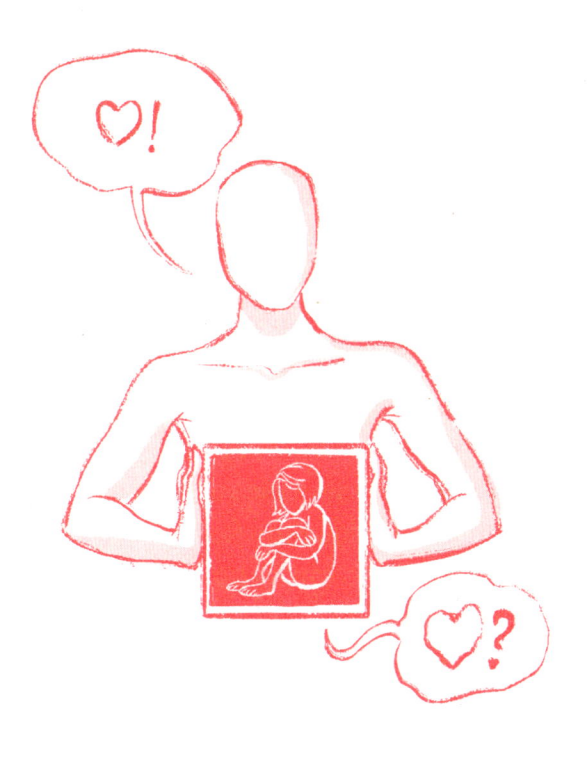

Colocar pontos-finais dói. Mas é sempre preferível concluir histórias falidas a continuar vivendo algo que não nos faz feliz de verdade apenas pela esperança de que um dia o enredo possa mudar."

Sinto para a vida ter sentido!

Quando era criança, me disseram para não chorar. Sem perceber, tentaram roubar o meu direito de sentir. Mal sabiam que é na sinceridade de minhas emoções que encontro minhas forças. Choro quando a alma se enche, que é para não me afogar em minhas próprias dores. Rio quando sinto graça, que é para a felicidade não morrer na garganta. Sou sensível, e a sensibilidade é quem pinta os meus caminhos. Não nego e nem negarei o meu sentir. Sem ele não tenho norte para a vida. Deixo de saber o que me faz bem ou mal.

Eu sinto, e não sinto muito por isso.

Sentir é viver.

O que não sente não vive.

E não expressar o que se sente é apenas se fingir de vivo.

Sinto para a vida ter sentido!

"Gosto de viver os detalhes sem pressa.

Gosto de que a vida me toque com delicadeza.

Gosto das sutilezas que despertam em mim a vontade de viver.

Gosto quando o imprevisível bate à minha porta e me lembra de que a vida é uma aventura.

Gosto de chorar sentidamente e rir sem medo.

Gosto do calor do sol, do murmúrio suave da chuva, do cheiro de terra molhada.

Gosto de corações sinceros e conexões que não se forçam.

Descobri na complexidade da vida que é o simples que me encanta."

Emoções são sinais.

Suas emoções têm muito a lhe dizer sobre você. Aquilo de que você gosta, aquilo que te incomoda e aquilo que te inspira são sinais a te guiar na trajetória da vida. Pode parecer óbvio, mas somos tão ensinados a reprimir o que sentimos e caminharmos apenas com aquilo que a sociedade diz que devemos sentir que nem sempre nos permitimos ter conexão com o que realmente é nosso. Aquilo que vem de dentro! Autoconhecimento é isso. É ter a coragem de ver o que nossas emoções estão nos falando. Não se trata de se deixar levar por emoções descontroladas, mas de entender de onde elas vêm, porque surgem e como podemos usar isso com sabedoria em nossas escolhas diárias. Emoções não são ao acaso. Emoções e sentimentos são sinais.

"A comunicação evita feridas."

"Nem sempre vamos amar alguém de volta, querer as mesmas coisas e sonhar os mesmos sonhos.

Mas ter responsabilidade emocional é o mínimo e indispensável que alguém deve oferecer ao tocar o coração de alguém.

A questão não é reciprocidade, mas sinceridade."

Certos "nãos" da vida são livramentos.

Nem tudo que a gente quer faz bem para nós. Essa é uma frase que a gente deve ter tatuada na alma, dessas que levamos para a vida, que nos recordam de que não é porque queremos algo que isso necessariamente nos faz bem. De vez em quando, precisamos nos lembrar disso para que nosso desejo não seja maior do que a nossa sanidade, para que nossas vontades não passem por cima do nosso bem-estar e para que a gente não sabote a própria existência, desperdiçando tempo e energia com coisas e pessoas que não acrescentam algo a nós.

O querer é perigoso quando não é medido nem filtrado. Mais do que querer, é necessário se perguntar: quanto isso me agrega?

Aprender a reconhecer os males que determinadas "conquistas" podem nos trazer também é necessário. Não é à toa que certos "nãos" da vida são livramentos.

"Não é impossível ser feliz sozinho. Mas, certamente, é impossível ser feliz ao lado de alguém que não te valoriza."

Não é porque alguém saiu da sua vida que não foi importante para o seu crescimento.

Alguns amores não são para sempre. Provavelmente, a maioria deles não é. Nem por isso são menos importantes. O amor não deve sempre ser medido pelo tempo, mas por sua intensidade e importância. Se enxergarmos assim, veremos que mesmo as pessoas que saíram de nossas vidas foram muito importantes enquanto estiveram junto conosco, e ajudaram para que nos tornássemos pessoas mais maduras depois que se foram, deixando lições importantes. Mesmo que algumas tenham também deixado algumas dores, cabe a nós saber o que queremos manter de tudo isso. Escolher ficar com a lição é deixar o coração mais leve e compreender que toda relação deu certo, sim, se aprendemos algo com ela.

"Nem sempre tem a ver com mudar algo fora de nós. Às vezes se trata apenas de se recompor por dentro."

Tire tempo para se reconectar consigo mesmo.

Lembre-se de tirar um tempo para parar e refletir sobre a sua própria jornada. É tão fácil nos deixarmos levar pelo modo automático, pelo que os outros querem ou acham bom para nós, até mesmo por nossos medos... E, de repente, percebemos que estamos em um caminho que não é nosso, fazendo coisas que não fazem sentido para a gente sem nem sabermos por quê. É preciso fazer pausas na jornada para se reconectar consigo mesmo, com a sua própria essência, para perguntar ao nosso coração como ele está, o que ele quer, e como podemos ser mais presentes em nosso dia a dia e fiéis a quem realmente somos. assim que percebemos o que precisa de mudança e reajustamos a nossa rota, dando à nossa existência aquilo que c hamamos de consciência. Pausas também são reconexões consigo mesmo.

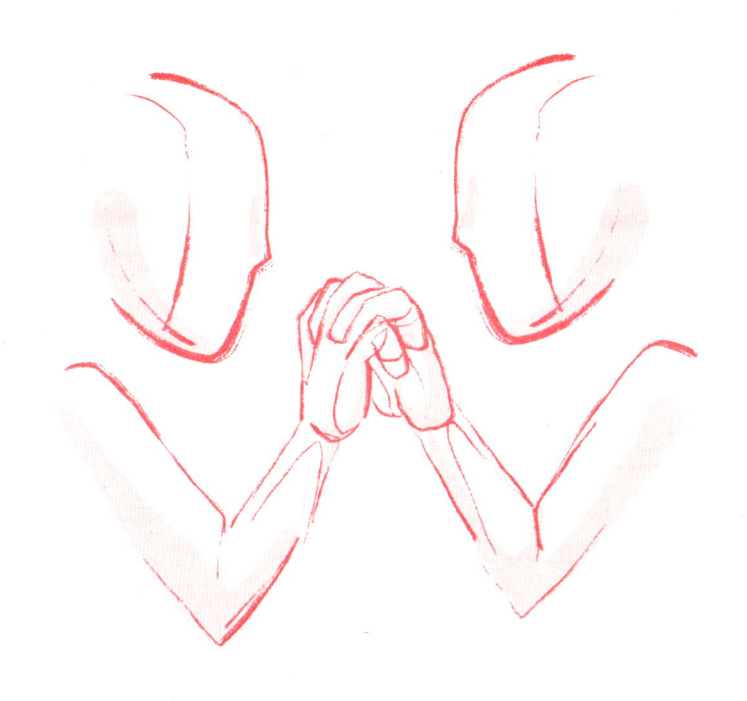

"A gente não mede uma conexão pelo tempo, mas pela profundidade. Tem pessoas que, em segundos, enxergam em nós o que outros levaram uma vida inteira sem ver."

Se comparar é se ferir por dentro.

Não se compare. A comparação é um desrespeito à sua própria existência. Você pode se inspirar naquelas pessoas que ajudam a despertar os seus anseios e dar força aos seus sonhos, mas não se compare nem se diminua. Você tem o seu tempo, o seu jeito, e seu caminho é somente seu. Toda trajetória é única e incomparável. É cruel acreditar que a vida do outro pode servir de régua para a sua.

Olhe para a sua própria caminhada, valorize seus dons, virtudes, conquistas e tudo que tem superado. E tenha paciência com os pontos em que você ainda precisa crescer. Todo mundo tem as suas imperfeições, mesmo que isso não seja visto. Por isso, não se iluda com falsas vidas "perfeitas" que podem passar a impressão de que a sua vida não tem o mesmo valor.

Você vale muito só por ser quem é, e sua existência é tão especial quanto qualquer outra. Valorize o seu processo. Você está crescendo e pouco a pouco vai chegar lá.

É na singularidade das suas vivências que você se torna alguém único no Universo!

"A vida é feita de fases, e cada uma delas pede um renascimento seu. Quem compreende a natureza cíclica da vida sabe que finais são, na verdade, transformações, e que transformar-se é sempre se permitir nascer de novo."

Não deixe de brilhar pelas críticas daqueles que se sentem ofuscados com a sua luz.

Para alguns, a sua luz vai ajudar a iluminar caminhos. Outros se sentirão incomodados com ela. Mesmo assim, não deixe de brilhar e mostrar aquilo que você tem de mais bonito. A sua luz brilha sempre que você faz aquilo que ama, sempre que age de acordo com o seu coração, sempre que se permite ser você sem medo do julgamento alheio, sempre que vive de acordo com o seu propósito. Essa sua luz ajuda também a acender a luz dos outros, pois ela dá esperança e inspiração para aqueles que às vezes se sentem incapazes de brilhar. Cada um de nós carrega dentro de si a sua própria luz. Não tenha medo de mostrar a sua, pois ela atrairá para você o melhor que a vida tem a lhe oferecer.

"A maior e mais assustadora solidão não é a ausência das outras pessoas, é a distância de si mesmo.

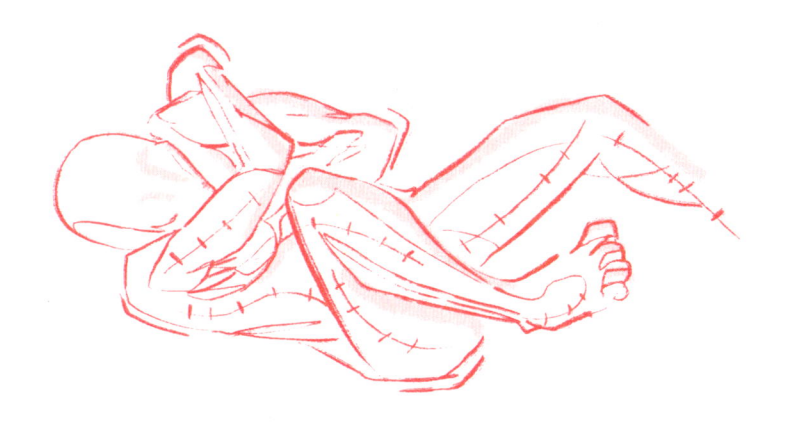

É o autoabandono. Quem está ao próprio lado nunca está verdadeiramente só. Mas quem se afasta da própria essência vive o tipo de solidão que outras companhias não podem sanar."

A sua resiliência te faz renascer.

A resiliência é essa capacidade em nós de não desistir, de renascer quando necessário, de fazer das dores aprendizado para o nosso crescimento, de extrair das cicatrizes a força para continuar e assim construir uma vida diferente. É a resiliência que nos torna uma fênix emocional, que mostra que das cinzas também podemos voltar à vida. É confiando nessa capacidade em nós que podemos ter a certeza de que nada pode nos parar. Às vezes, precisaremos parar para recuperar as energias. Noutros momentos, teremos que contornar obstáculos e ir por outro caminho. Algumas histórias certamente não serão como gostaríamos. Mas isso não será motivo para desistência, pois essa força em nós nos levará adiante e mostrará que pessoas que não desistem da própria felicidade sempre encontram um jeito e um novo caminho para chegar onde querem.

"Saber ouvir o outro sem julgar ou condenar também é uma manifestação de amor!"

Não busque a felicidade, busque aquilo que dá um sentido para a sua vida.

O ponto de transformação é passar menos tempo buscando a felicidade e mais tempo buscando ser alguém autêntico, aprendendo com as situações, ganhando maturidade emocional e sendo fiel ao coração. Felicidade nunca foi uma meta. Felicidade é consequência. É resultado de como se vive a vida diariamente, e não daquilo que se tem ou do lugar a que se chega.

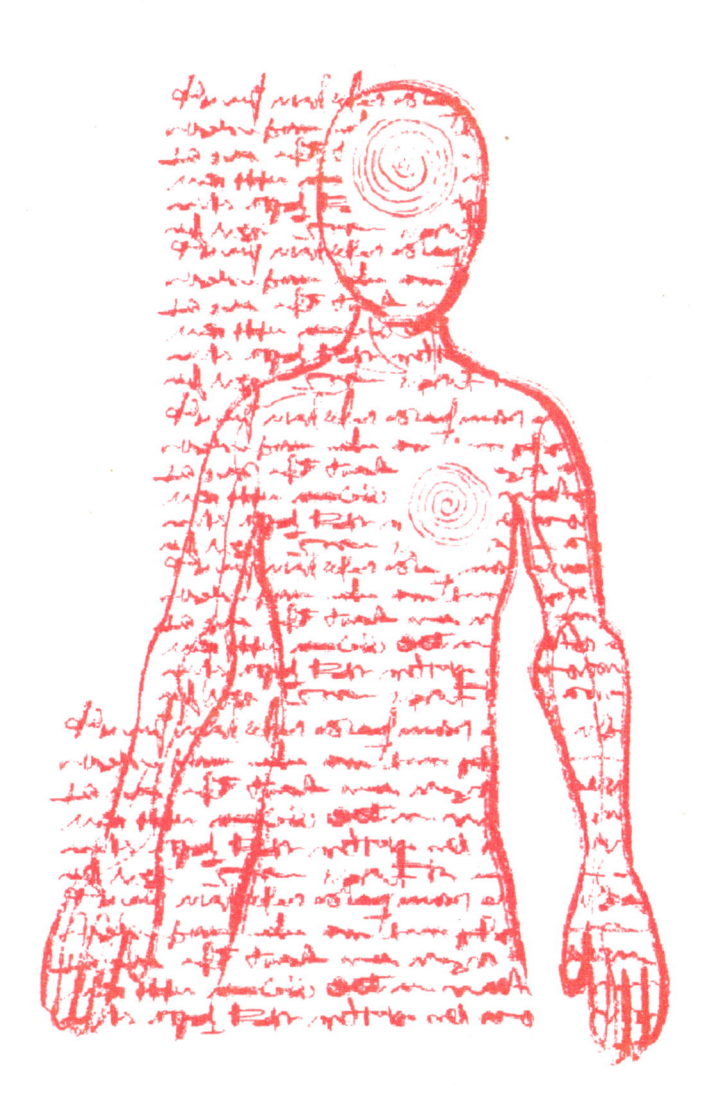

"Ser grato à vida também é uma forma de oração."

O seu tempo é apenas seu e de mais ninguém.

Cada pessoa tem o seu tempo.
Tempo para se curar.
Tempo para se amar.
Tempo para encontrar o amor.
O relógio do outro não marca a hora certa do que devemos viver.

Cada ser tem seu próprio relógio existencial, e nele nunca estamos atrasados. Respeitar os nossos ritmos (externos e internos) é vital para viver bem.

Ninguém está atrasado ou mais adiantado que o outro. Cada um está no seu próprio tempo vivendo aquilo que lhe cabe naquele momento.

A hora certa é sempre o agora.

"O amor não vai entrar na sua vida se, quando ele chegar, encontrar a porta fechada. Para viver o amor é necessário estar disposto a ele."

Visita indesejada.

A dor chega.
Cutuca.
Desconforta.
Pede a atenção.
Convida à coragem.
Chama à reflexão.
Bebe dos teus temores.
Dorme sobre teus anseios.
Te abraça por um tempo.
Grita, se não ouvida.
Ameniza, se compreendida.
Ensina, se escutada.
Então vai embora.
Deixa a lição.

"A hora certa é quando o meu coração diz sim. De alguma forma, ele sempre sabe quando é o momento.

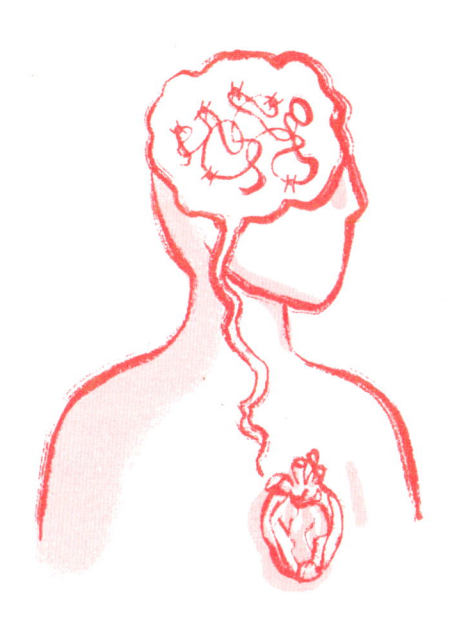

Ele possui um relógio próprio, que não funciona apontando as horas, mas assinalando caminhos. Ele sempre sabe o tempo de um propósito, e, quando sou guiado por ele, nunca me atraso. Estou sempre onde devo estar."

O que o outro diz não é importante. O importante é como você usa isso.

Diante do que os outros pensam e dizem sobre você: filtre. Nem tudo o que dirão lhe servirá. Nem tudo que dirão será inútil. Mas nada deve passar, ser aceito e incorporado em sua vida sem o aval do seu coração. É possível, sim, aprender muito com o outro. Nem tudo precisa ser encarado como ofensa, mas não aceite como verdade aquilo que o diminui. Não é necessário provar nada ao outro, nem o fazer mudar de opinião. O que o outro diz não define quem você é. Mas o que o outro diz pode ser usado para o seu crescimento, se analisado com sabedoria. O importante é compreender que cada crítica recebida precisa ser analisada, e não prontamente aceita. Não deixe que as palavras externas o derrubem. Use-as como impulso para crescer.

Nem sempre alguém estará ao seu lado e está tudo bem.

Em alguns momentos, não haverá ninguém ao seu lado. Não porque as pessoas o abandonaram, mas porque nem sempre elas poderão estar com você. Algumas vezes, elas estarão resolvendo seus próprios conflitos, e restará apenas você diante dos seus desafios. A vida em certas circunstâncias vai te deixar sozinho para que não haja risco de você se apoiar demais em alguém; para que você possa testar a sua capacidade; para que você aprenda a se amar e a cuidar de si mesmo; para que você não esqueça que muitos podem gostar de você, mas a responsabilidade sobre sua vida é somente sua. Às vezes, viver é como aprender a andar de bicicleta, e você terá que manter o equilíbrio sabendo que ninguém está ao seu lado o segurando. Pode ser que você caia e tenha que, depois, cuidar sozinho das próprias feridas.

Porém, vai se levantar mais uma vez e ver que os tombos fazem parte da jornada, mas não definem o seu caminho.

Aprender a cuidar de si é necessário. Sempre dependeremos do outro em certa medida. Não existe autossuficiência plena. A vida é compartilhamento. Só não podemos fazer dos outros uma muleta emocional. Em primeiro lugar, somos nós por nós. É fazendo por si e para si que a gente entende que maturidade emocional é não esperar dos outros aquilo que cabe somente a nós fazer.

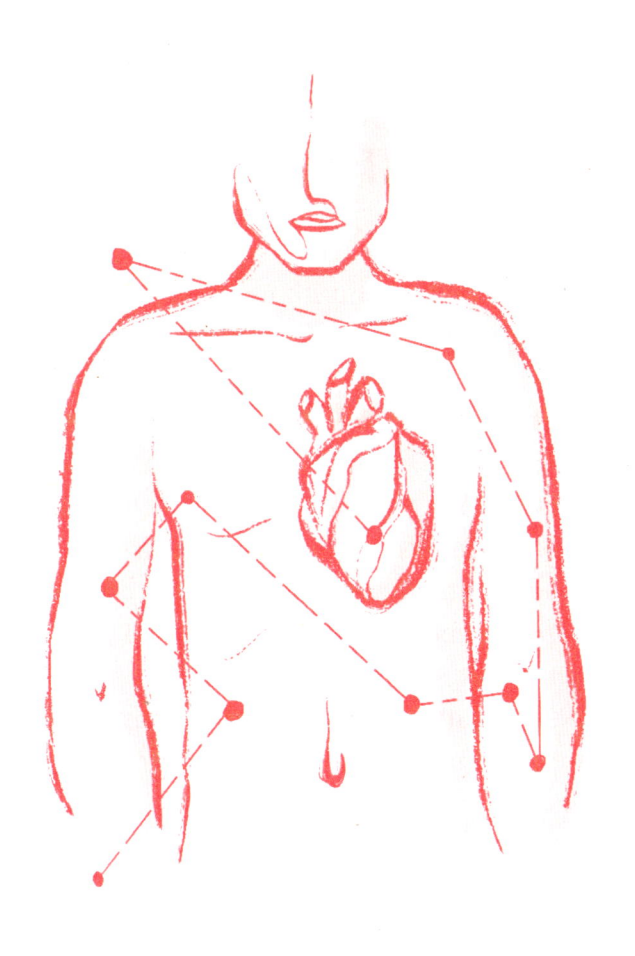

"Fique atento às ligações físicas, mentais e emocionais que você tem em sua vida. É necessário desconectar-se do que te faz mal para se conectar ao que te cura!"

Viva no ritmo das transformações.

A gente se despede muito nessa vida. Das pessoas, de quem a gente era, das crenças que tínhamos. Carregamos lutos silenciosos por tudo que em algum momento temos de deixar ir. Mas, para cada despedida, há também um recomeço. Para cada luto daquilo que se foi, existe a expectativa do que virá. A vida nos pede, sim, um certo desapego. Mas, não uma frieza. Ela pede um entendimento para o tempo de cada coisa e, acima de tudo, para saber que nossa vida não acaba quando ela muda.

Despedidas abrem espaço para novas chegadas. E toda mudança nos ajuda a renascer no ciclo infinito das transformações que é o viver.

"Amar alguém de verdade é ficar por escolha, não por necessidade."

A vida sempre encontra uma maneira de devolver aquilo que você oferece.

Ter um coração bom às vezes pode ser um grande desafio para você. Mas não meça a sua bondade e as suas atitudes pelo retorno que os outros lhe dão. Não perca a sua essência e tudo que ela tem de mais bonito pela ingratidão de alguns. A vida sempre dá um jeito de reconhecer o bem que é emanado por alguém. Ele nem sempre volta para você da maneira imaginada, mas sempre dá um jeito de te encontrar.

Nenhum ato de bondade é em vão.

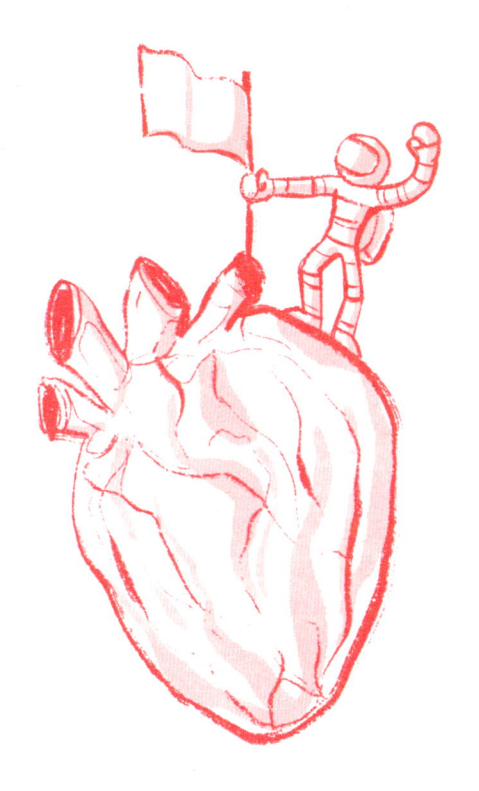

"Ame-se a tal ponto que nunca te falte a coragem para deixar os lugares onde você se sente desvalorizado.
Que você permaneça ao lado das pessoas por afeto, jamais por medo de enfrentar o novo."

Viver não tem a ver com esperar.

Espera-se muito.
Do outro.
Da vida.
Do amanhã.
Mas o viver não se faz na espera. Se faz na ação. No trabalho diário daquilo que você faz por si.

Não se pode viver uma vida na ingratidão daquilo que não fizeram para nós, daquilo que se esperava e não aconteceu.

É preciso assumir um protagonismo em nossa existência, que nos mostra que não se pode esperar o outro viver por nós nem para nós.

Deixando um pouco de lado as expectativas sobre o que o outro deveria fazer, a gente passa a viver mais para si, a esperar menos e realizar mais. E é nisso que tudo acontece.

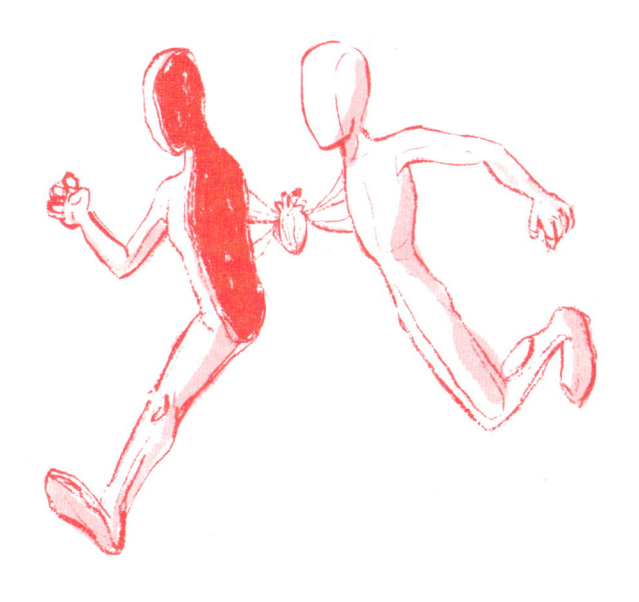

"Não foi exatamente a dor que te ensinou e te tornou mais forte. A dor apenas cutucou, ajudando-o a encontrar a lição para curá--la e a força para seguir em frente que já existia em você. A dor foi um empurrão. O aprendizado foi conquista sua."

Bendita é a força que você ganha quando acredita em si mesmo.

Bendita é a força que você ganha quando acredita em si mesmo. Quando compreende que são os seus pensamentos que te sugam ou fortalecem. Quando olha para si e descobre que essa sua capacidade pode mover montanhas e oceanos. Quando finalmente compreende que a vida se trata de abrir caminhos onde amenos se esperava que eles pudessem existir. É quando você reconhece esse seu poder, essa sua luz, e não permite que a negatividade externa faça você desacreditar dos seus sonhos que a sua vida muda.

"Nunca fui de buscar por metades.
Só o que é inteiro e pleno me interessa."
"Não quero algo que seja meio nem nada que seja raso."

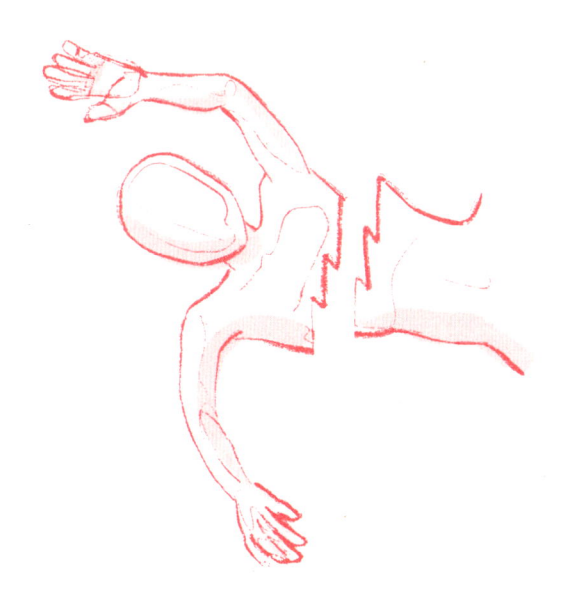

"As pessoas podem ser faltantes em muitos sentidos — menos de si mesmas.
Pessoas não devem se completar. Devem se encontrar. E fazer desse encontro uma transformação!"

Há muito amor disponível para aqueles que não desistem de amar.

Houve partidas que pareceram rasgar meu coração. Quando alguém que a gente ama muito se vai, parece que a gente perde o chão, o sentido e a referência de si mesmo. Demorei para perceber que nem sempre o que dói é o amor que se vai, mas a dependência que se construiu em cima daquela pessoa. É um exercício de redescoberta entender que o fim de um relacionamento não é o fim da nossa vida, e que existe muito para ser vivido além de um amor que se finalizou. Não é porque alguém se foi que nosso amor-próprio precisa ir junto. Não é a permanência do outro que nos define ou dita o nosso destino. Somos mais do que alguém que tem o seu valor medido por quem está ao nosso lado. Estar com alguém é compartilhar a vida com essa pessoa, não colocar no centro de nossa existência. Quando você faz de alguém "tudo", você se sente sem "nada" caso essa pessoa resolva ir.

E ninguém deve (e nem consegue) assumir esse protagonismo na própria vida. O outro pode fazer parte, mas jamais ser o responsável pela nossa felicidade. A grande diferença entre o amor e o apego está exatamente nisso. O apego crê depender do outro, o amor compartilha com o outro. Amar é compartilhar a existência e o que temos de melhor com alguém enquanto essa pessoa escolhe de livre vontade estar conosco. É entender que, mesmo que essa pessoa se vá, a capacidade para amar e ser amado continua em nós. E que, independente de quem se vai ou de quem fica, a gente sempre supera, pois o nosso potencial para nos curar e recomeçar é infinito. Há muito amor disponível para aqueles que não desistem de amar, principalmente a si mesmos.

Que o medo da dor nunca seja maior que o desejo de viver e ser feliz.

O medo vai querer te parar e te falar de todos os motivos para não seguir em frente. Ele vai apontar os seus maiores defeitos, criar na sua mente as maiores tragédias e te dizer que é melhor ficar onde está. Ele vai te convencer de que a atitude de hoje não vale a dor que pode surgir amanhã. Ele não faz isso por mal, sua função é exatamente esta: tentar protegê-lo da dor. Mas dar muita atenção ao medo pode te fazer criar armaduras, que te impedem de viver. A questão não é seguir em frente quando não sentir medo, e sim continuar apesar do medo. É entender que esse sentimento faz parte da nossa humanidade, e que podemos dar um passo à frente mesmo que ele ainda esteja em nosso coração. Porque o medo pode nos pedir cautela, mas jamais nos impedir de viver. Quando você sentir o que sua alma quer e sua vontade de ser feliz for maior, nem o medo poderá te parar.

"Só a auto-observação permite transformação."

Calma, coração ferido.

Eu sei, seu coração está ferido por todas as histórias de dor pelas quais você passou.

Tudo bem chorar, coração ferido.

Às vezes, a dor escapa mesmo pelos olhos. Mas calma, coração, você vai sorrir de novo.

Enxugue a lágrima, se abrace por dentro, respire fundo e lembre-se: vai passar.

Talvez não hoje nem amanhã, mas essa dor não vai ficar aí para sempre.

Tenha paciência, coração ferido. Com você e com a vida. Eu sei que nem tudo é como a gente quer, nem tudo acontece no tempo em que a gente gostaria, que algumas situações parecem injustas e sem sentido. Só que eu sei também que uma hora tudo se ajeita; no devido momento as coisas se encaixam; e para cada dor há sempre outros mil motivos para sorrir.

Então, calma, coração ferido; a vida não acaba nessa desilusão. Chore hoje, alivie o peito e não se esqueça de que, pela sua luz, essa ferida também vai se curar.

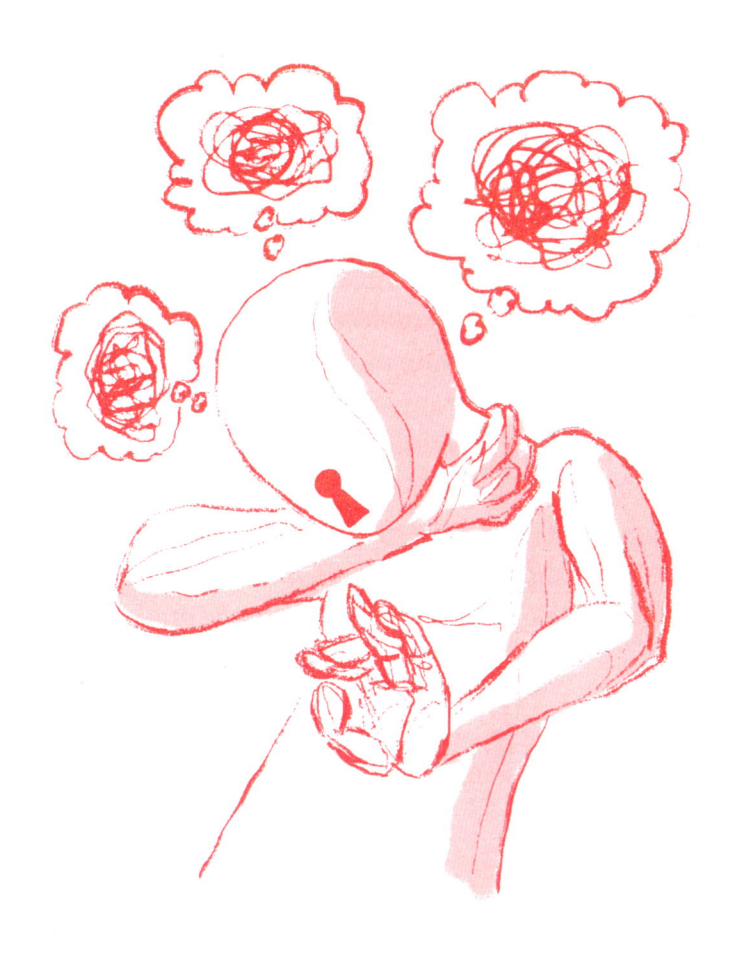

"Até onde você pode chegar se perder o hábito de acreditar nos seus pensamentos negativos?"

Aquilo em que você crê domina a sua vida.

Nada é mais poderoso do que o seu poder de crer.

Aquilo que você crê tem força e domina a sua vida.

Reflita bem se a sua crença está em você ou no outro. Na bondade ou na maldade. Na conquista ou na derrota. Na possibilidade ou na desistência. Na capacidade ou na dúvida. No medo ou na coragem.

O que você afirma ser se torna uma verdade em sua vida, e é através dela que você vive.

Crer no melhor de si e da vida é fazer a sua força de crença trabalhar sempre a seu favor.

Tudo aquilo em que você coloca a sua energia cresce!

"Ouvir a voz do coração é conversar com a parte mais profunda do seu Ser — essa parte em que nascem os sonhos e os sentidos. É dar vazão a esse guia que habita dentro de você e que conhece todos os caminhos."

Quando a hora da mudança chegar, você saberá.

Existe uma energia própria na mudança. Assim como sentimos a mudança das estações através do clima, das paisagens e dos aromas, também percebemos os sinais quando nossa alma está passando por uma transição. Às vezes, esse chamado à mudança chega através de uma dor, um desconforto externo ou interno ou mesmo de uma vontade de sentir o novo, de viver o diferente, de realizar um sonho antigo. Pode-se ignorar por um tempo a necessidade de mudar. Porém, ninguém consegue evitar essa atitude para sempre. Quanto mais se ignora o chamado à mudança, mais se sofre querendo evitar o fluxo interminável das transformações. Mudar é preciso, em muitos momentos, necessário, e, em outros, inevitável. Se permitir mudar (principalmente onde a dor já fez morada) é dar início à cura e nascer de novo na própria vida.

"Talvez hoje você só precise se cobrar menos, se julgar menos, se culpar menos e subtrair da sua vida todo tipo de pensamento que te diminua."

Desistir do que te faz mal não é fraqueza.

Não é covardia desistir de pessoas ou situações que não são para nós. Reconhecer que alguns caminhos não levam à felicidade que imaginávamos é um ato de maturidade emocional. É necessário muita força para soltar e parar de insistir em algo que um dia a gente quis muito, mas que hoje não se mostra bom para nós. Está tudo bem perceber que existem outros caminhos, outros sonhos, outras pessoas. Está tudo bem admitir que talvez algumas coisas não sejam para nós. Tudo vale como experiência, mas nem tudo vale como permanência. Desistir do que nosso coração entendeu que não é nosso é se libertar da prisão dos caminhos fechados para embarcar na aventura de buscar e encontrar aquilo que é verdadeiramente nosso.

"Despir-se dos Eus que não te servem mais como quem se livra de uma roupa velha que não se ajusta mais a ti."

Não existem acasos, existem propósitos.

A vida não trabalha com coincidências. A vida trabalha com sentidos. Nem sempre podemos entender por que algo nos acontece, mas, de alguma maneira, podemos aprender com o que vivemos e usar isso para o nosso crescimento e para nos impulsionar na busca dos nossos sonhos. Acredito muito que toda a nossa existência muda quando deixamos de acreditar em acasos e passamos a enxergar propósitos. É a partir disso que nasce a verdadeira positividade. Aquela que sabe extrair o melhor de cada um. Não é à toa que são as pessoas que vivem assim que costumam ser mais felizes, pois é quando paramos de brigar com a vida e passamos a trabalhar junto com ela que tudo se transforma. De dentro para fora!

Sempre há um propósito escondido dentro de cada coisa, pronto a nos ensinar algo e nos preparar para o que tanto desejamos.

"A maior e melhor proteção que podemos ter contra a negatividade alheia é cultivar coisas boas dentro de nós. A gente só se imuniza do ruim cercando-se e alimentando-se do que é bom."

Quebre a promessa.

Quebre hoje todas as promessas negativas que um dia você fez quando deixou que suas feridas falassem mais alto.

Quebre essa promessa de que não iria amar de novo.

De que não iria mais sonhar.

De que não iria mais tentar.

De que jamais conseguiria.

De que nunca perdoaria... ou se perdoaria.

Quebre essa promessa que te amarrou à amargura. Que te segura e não te deixa seguir. Que te prende à desesperança. Que te impediu de arriscar de novo só porque um dia doeu.

Nossa palavra tem poder, e nossas promessas, mesmo inconscientes, são determinações que damos a nós mesmos. Não deixe que a ferida te faça prometer que não irá lutar para ser feliz.

Se for para prometer algo a si mesmo, prometa que será sempre fiel ao seu coração e que estará aberto a todas as possibilidades a se realizarem.

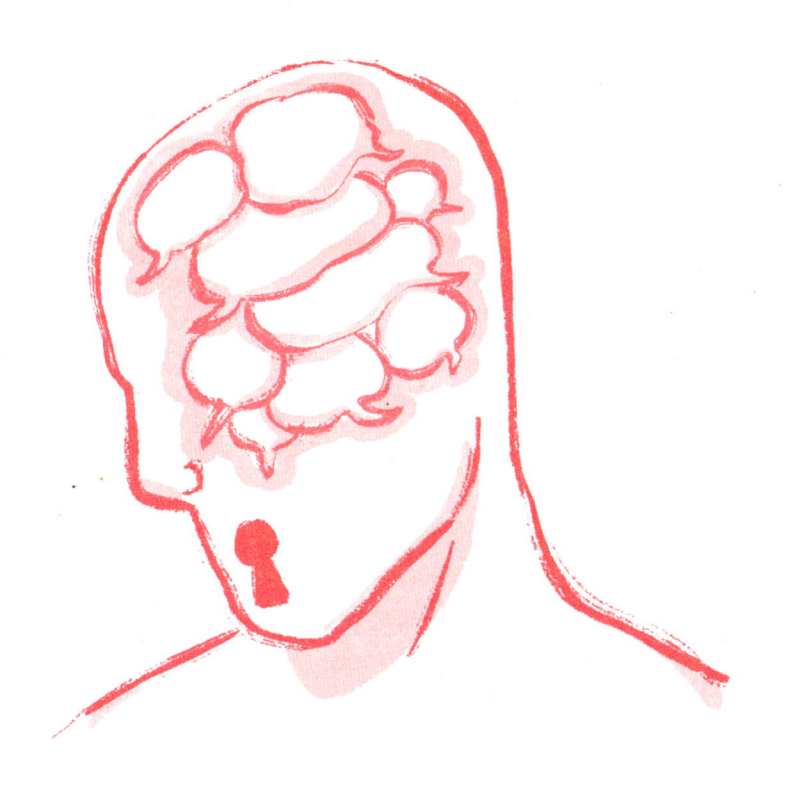

"A energia não mente.
Aquilo que você sente com frequência carrega mais verdade do que aquilo que você vê!"

Só vive em paz de verdade aquele que se reconciliou com o próprio passado.

Não importa o quanto você volte mentalmente ao passado, nenhum pensamento poderá mudá-lo. A mudança não deve (nem pode) ser em relação ao passado. A mudança deve ser na sua forma de vê-lo e de interagir com ele. Compreender o seu passado — desde os enganos que cometeu, as falhas que os outros tiveram com você, os momentos difíceis, até os planos que não se concretizaram como você queria — como experiências necessárias para o seu aprimoramento interior é o melhor jeito de fazer dele o seu amigo e grande mestre. Use essa mesma energia que você gasta pensando em como o passado poderia ser diferente para enxergar lições que podem o ajudar a ser alguém melhor hoje. Só vive em paz de verdade aquele que se reconciliou com o próprio passado.

"O que você aceita diz muito sobre o quanto você se ama. Quem se valoriza e se gosta de verdade seleciona bem as pessoas, lugares e experiências que aceita em sua vida."

Autoconhecimento é transformação.

O seu processo de autoconhecimento vai impactar as suas relações, o seu trabalho, a sua vivência familiar e a sua vida de modo geral. Uma vez que você começar a se conhecer, a sua forma de ver e interagir com a existência jamais será a mesma. Algumas pessoas vão se afastar naturalmente, alguns hábitos e lugares já não mais farão sentido para você, certos comportamentos que você tinha não mais se encaixarão nessa nova fase. São transformações naturais do autoconhecimento. É a sua nova vida tomando forma aos poucos, eliminado o que não compactua mais com ela e colocando no devido lugar tudo que ressoa com seu eu que acabou de despertar. Deixe que esse processo tome as rédeas da sua existência, afastando o desnecessário e aproximando o que acrescenta de verdade. Se autoconhecer transforma sua vida e faz isso para melhor!

"Ninguém, por mais importante que seja em sua vida ou por mais bondade que traga ao seu coração, tem a obrigação de te fazer feliz
— a não ser você mesmo."

Você é grande demais para viver uma vida pequena.

A gente jamais deve se acostumar com o que dói, com o que oprime, com o que nos diminui, com o que não nos permite crescer. Não dá para normalizar o sofrimento e viver preso à crença de que a nossa realidade não pode ser maior e melhor do que isso.

Ela sempre pode!

Podemos, sim, encontrar alguém que nos valorize, um trabalho que nos satisfaça, uma rotina que nos realize.

Nada que nos faça crer que nossa vida deve ser pequena e limitada merece espaço em nossa existência. Nascemos para experienciar o que nosso coração pede, nascemos para expressar a nossa verdade, nascemos não só para existir, mas para viver! E viver feliz. Qualquer pessoa que pense o contrário disso precisa fazer uma profunda revolução em suas crenças, pois a vida que a gente leva é muito pautada na vida que a gente acredita que merece ter.

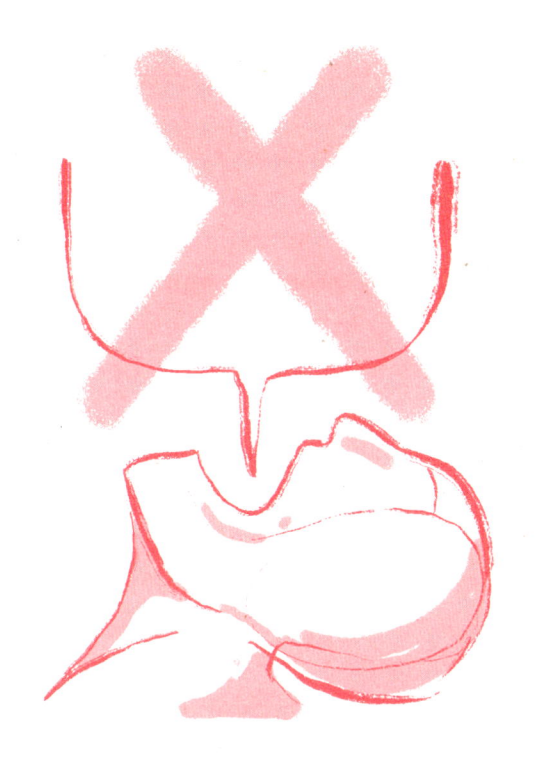

"Me aceitei humano, falho, vulnerável. Me perdoei por não alcançar essa perfeição inatingível. E descobri que a autoaceitação me dava uma força que nenhuma aprovação externa poderia me proporcionar."

Às vezes, ser feliz tem a ver com descomplicar.

Que nunca nos falte sabedoria para compreender o ritmo das coisas, para ter paciência com os nossos processos, para aceitar os finais necessários, para ter a coragem de recomeçar quando mais precisarmos. Que a gente possa se cobrar menos e se incentivar mais, deixar a culpa de lado e se amar incondicionalmente. Que a gente lembre que a vida nem sempre atenderá nossas vontades, mas que sempre nos enviará bênçãos e oportunidades de crescer, aprender e ser feliz. E que nosso coração esteja sempre cheio de gratidão para reconhecer tudo que temos, tudo que somos e às pessoas que estão ao nosso lado. A gente tem a mania de complicar muito a vida quando, às vezes, tudo que a gente precisa é de desacelerar, parar de acreditar em pensamentos negativos, confiar nessa sabedoria que nos guia, aproveitar o processo e amar... amar muito. É isso que dá sentido a todo resto!

"Quando se tratar dos seus sonhos, aprenda a olhar para o medo e dizer: hoje não!".

O descanso interior é o primeiro passo do reencontro consigo mesmo.

A gente jamais deve se acostumar com o que dói, com o que oprime, com o que nos diminui, com o que não nos permite crescer. Não dá para normalizar o sofrimento e viver preso à crença de que a nossa realidade não pode ser maior e melhor do que isso.

Ela sempre pode!

Podemos, sim, encontrar alguém que nos valorize, um trabalho que nos satisfaça, uma rotina que nos realize.

Nada que nos faça crer que nossa vida deve ser pequena e limitada merece espaço em nossa existência. Nascemos para experienciar o que nosso coração pede, nascemos para expressar a nossa verdade, nascemos não só para existir, mas para viver! E viver feliz. Qualquer pessoa que pense o contrário disso precisa fazer uma profunda revolução em suas crenças, pois a vida que a gente leva é muito pautada na vida que a gente acredita que merece ter.

"Nem tudo acontece do jeito que a gente imagina, e muitas vezes isso é uma bênção. Não é sempre que sabemos o que é realmente bom para nós. Frequentemente, algumas desilusões iniciais ocultam grandes livramentos."

A aparência pode chamar a atenção; mas é o jeito, a energia, o cuidado e o afeto que fazem ficar.

É preciso mais do que uma aparência física que atraia. É preciso uma alma que encante. A aparência pode chamar a atenção; mas é o jeito, a energia, o cuidado e o afeto que fazem ficar. Porque, quando se trata de relacionamentos, a gente não quer só molhar o pé. A gente quer mergulhar fundo. E pessoas rasas demais não servem para isso. É preciso ter a profundidade de quem não nega sentimentos, de quem está pronto para se envolver, de quem traz conteúdo dentro de si e não é apenas uma embalagem vazia. É preciso toque e escuta. É preciso fazer carinho na alma, ter um olhar que busca enxergar por dentro, ter paciência e disposição para que a verdade do outro desabroche. A aparência é só a porta de entrada, terreno da paixão. Mas amor... amor é aprofundamento.

"A vida não tem a ver com conquistar sempre, mas com ter a coragem de tentar, a humildade de aprender e a força para recomeçar."

Se você tem que forçar demais, talvez não seja para você.

Aprendi que existe uma grande diferença entre forçar e se esforçar. Você pode, por exemplo, forçar o seu pé a entrar em um sapato que não é do seu tamanho, mas acabará apenas se machucando com isso, sem conseguir nenhum sucesso. Ou pode se esforçar para encontrar um sapato que seja do tamanho certo para você. Viver é isto: ter a sabedoria para distinguir quando estamos nos esforçando para que algo dê certo ou quando estamos forçando e insistindo em situações que não são para nós. Quando nos esforçamos, estamos trabalhando pela conquista. Quando forçamos algo, estamos apenas nos machucando sem nenhum resultado. Temos que lembrar que trabalho é diferente de teimosia, e isso vale para todas as áreas da nossa vida.

"Pensamentos são frequências que sintonizam você com o melhor ou o pior. Há pensamentos que te impulsionam e outros que te prendem. A vida que você está criando reflete muito os pensamentos que você alimenta em sua mente. Toda mudança de vida é, antes de tudo, uma mudança mental."

Viver de verdade é estar no agora.

Os dias mais especiais de nossas vidas frequentemente não são planejados. Não são aqueles dias marcados por grandes conquistas, são aqueles marcados pelo quanto estivemos presentes no que estava acontecendo. São os dias que nos roubam a noção do tempo, que nos fazem esquecer as dores passadas e as preocupações com o futuro. São momentos preciosos que nos mantém integralmente ali, na consciência que vive a experiência plenamente. Quanto mais conseguimos estar no agora (de corpo e mente) mais especial se torna aquele momento. A vida só é realmente significativa se estamos vivendo plenamente, não só a observando passar.

"Sussurros do passado.

Vozes e julgamentos.

Ecos de pensamentos descontrolados.

Barulhos da mente e do mundo.

Silenciei tudo por um momento.

E o silêncio falou mais alto do que eu pensava.

Às vezes, é preciso silenciar o lado de fora para ouvir o que a alma tem a dizer.

E, nas doces palavras que acalmam o coração, ela repete sem parar: 'Ame!"

Equilíbrio é saber dosar a vida.

Seja bom, mas nem por isso deixe de traçar limites saudáveis com relação aos outros.

Seja positivo, mas não ignore as situações incômodas que necessitam de mudança e nem reprima as suas emoções só porque acha que precisa estar bem o tempo todo.

Aprecie a sua solidão, mas não se esqueça de alimentar as conexões com pessoas que te fazem bem.

Trabalhe pelo que você quer, mas jamais se esqueça de que o descanso é parte fundamental da sua saúde e equilíbrio.

Ame, mas não se coloque em segundo plano.

Foque aonde quer chegar, mas não deixe de apreciar a caminhada.

Faça o que é preciso fazer, mas também faça aquilo que você ama fazer.

Equilíbrio é saber dosar a vida.

Sobre a força que habita em você.

Que você encontre forças para perdoar quem te feriu e se perdoar pelas vezes em que você acreditou ter falhado. Que você encontre forças para continuar amando, apesar de todas as vezes que alguém machucou seu coração. Que você encontre forças para sonhar novos sonhos, mesmo tendo encontrado decepções pelo caminho. Que você encontre forças para seguir rumo aos seus objetivos e se sentir merecedor, mesmo que às vezes você duvide da sua capacidade. Que você encontre forças para vencer seus obstáculos, mesmo que eles pareçam maiores do que você. Que você encontre forças para ter fé, em si e na vida, mesmo que o mundo queira te fazer vacilar. Que você encontre forças para continuar sorrindo, mesmo que, de vez em quando, precise parar e chorar. Que você encontre forças. Pois essa força está e sempre esteve em você. E que você jamais se esqueça de que a possui.

Nenhuma conquista vale mais que a nossa paz.

A coisa mais importante que você pode fazer por si mesmo é se acolher. Todos passamos tanto tempo obcecados em chegar a algum lugar que não tiramos tempo para nos perguntar: "Como estou me sentindo hoje? O que posso fazer para me sentir melhor de um jeito saudável e verdadeiro?".

A gente precisa ficar do próprio lado na caminhada. Compreender o nosso ritmo, aceitar o que, no momento, não está ao nosso alcance, e entender que ter limites não nos faz inferiores, nos faz humanos!

Temos que nos cuidar durante o trajeto, porque pouco vale chegar a algum lugar se não chegarmos inteiros. Nenhuma "conquista" deve valer o preço da nossa paz e da nossa saúde mental. Nosso bem-estar vale muito!

"Me acostumei a ter essa mania de enfrentar meus medos e buscar meus sonhos. E a vida passou a ser interessante de um jeito que jamais foi. Vai ver a felicidade sempre teve a ver com isso."

Seu eu do passado precisa do seu amor, não do seu julgamento.

Todas as vezes que me percebo julgando meu eu do passado por suas escolhas, eu paro e me lembro de que, naquela época, eu não sabia as coisas que sei hoje. Me lembro das condições que eu tinha, dos medos que habitavam em mim, da minha falta de maturidade, e sinto compaixão por aquela versão minha que ainda estava em crescimento. Sei que ainda estou, mas reconheço o quanto avancei, com consciência de que não teria feito isso se não tivesse vivido as coisas que vivi. Então me perdoo, me acolho e me agradeço. Só eu sei das dores e dos processos pelos quais passei. Meu passado não precisa de mais julgamentos. Ele precisa de amor e entendimento. E é esse amor que me permite crescer e ser melhor.

"Bom mesmo é olhar para trás e ver que, apesar de todos os seus tropeços, erros e desilusões, você deu o seu melhor. A vida não tem a ver com acertar sempre. Tem a ver com tentar."

Na dúvida, olhe para dentro.

Existe uma parte dentro de nós que sempre sabe o caminho certo. Existe uma voz incansável que não para de nos dizer o certo a fazer. Existe um grande mestre em nosso interior nos guiando mesmo nos dias mais sombrios. Existe um manancial de sabedoria em nossa alma que, quando acessado, nos leva diretamente ao que é nosso. Jamais devemos subestimar a força e a luz que nos habita. No fundo, a gente sempre sabe, a gente sempre sente e essa intuição que vem de dentro jamais erra. Ela está conectada com o todo. Nosso maior desafio é superar a barreira do medo e nos permitir confiar. Todas as respostas já estão dentro de nós! Como disse Carl Gustav Jung: "Quem olha para fora sonha, quem olha para dentro desperta".

"Você sabe que está no seu lugar e nas companhias certas quando seu coração sente paz."

Cuidar de si é sua maior tarefa na vida.

Preserve a sua energia e não se deixe contaminar pela negatividade alheia. Cuidar do seu bem-estar é um desafio constante. Muitas vezes você perceberá que as pessoas tentarão invadir as suas emoções, fazer você se sentir mal consigo mesmo e com a vida. Nem todos fazem isso por mal. Muitos estão refletindo suas próprias dores e conflitos. Mas compreenda que isso não é seu. Você não precisa assumir o que é tóxico nem assumir narrativas externas que nada têm a ver com a sua vida. O que você absorve e aquilo que você bloqueia são partes fundamentais de uma vida emocional mais saudável. Sua mente é seu lar, e suas emoções são o ambiente que você constrói para si. É tarefa sua cuidar bem dele, pois cuidar de si mesmo é sua maior missão nesta vida.

"Não me arrependo das vezes em que dei o meu melhor e não recebi isso de volta.

Minha essência não é uma moeda de troca. Minha medida está em quem sou e no que expresso, e não no que me oferecem. Só entrega luz quem a tem dentro de si."

Nenhuma ligação é tão poderosa quanto uma conexão mental.

Atrações mentais são raras e extraordinárias. Estar em sintonia mental e emocional com alguém é estabelecer um vínculo profundo, que vai além da superficialidade do mundo — é quando você consegue ter acesso àquilo que a pessoa carrega por dentro. E, uma vez que o afeto nasça aí, dificilmente ele se dissipará. Conexões assim podem ser instantâneas, carregadas da magia dos encontros inexplicáveis. Ou podem ser cultivadas através da paciência de quem não teve pressa para, aos poucos, se aprofundar e conhecer as belezas que o outro carrega dentro de si e descobrir o poder que a intimidade entre dois seres possui. É impossível forçar uma conexão assim. Mas, uma vez feita, é um laço que se ata para além dos limites do tempo e do espaço.

"Relação não é só corpo, não é só o jogo da sedução ou a convivência a dois. Antes de tudo, uma relação é energia."

A cura começa quando a gente para de resistir às mudanças necessárias.

Fugir dos nossos conflitos interiores não os resolve. Ignorar nossas dores não as soluciona. Podemos tentar adiar a mudança, postergá-la ou negá-la, mas a vida sempre encontrará um jeito de nos fazer olhar para nossas sombras e mudar o que é preciso. Ela nos enviará pessoas, construirá cenários, nos levará ao fundo dos nossos próprios abismos, se necessário, para que a gente desperte a luz que possuímos em nós e mova os mecanismos necessários da mudança que irá nos curar. Quanto maior for a resistência a esse processo, maior será a dor. Ter a coragem de viver as transformações necessárias para reorganizar nossos próprios desajustes é uma ação difícil, mas sem ela nada muda. Toda mudança interna começa pelo movimento de encarar nossas próprias sombras. É assim que descobrimos nossa luz.

"O maior despertar é quando você acorda para o seu próprio valor."

Depois do fim moram os recomeços.

É lindo quando a gente descobre que certas experiências acabam, mas que a gente continua vivendo. A vida é muito mais que uma desilusão. A cada decepção ela nos presenteia com diversas outras oportunidades. Às vezes a gente precisa mesmo é de parar de tentar enxergar a vida pelo buraco da fechadura, e abrir as portas que nos levam a outros caminhos.

Temos que alargar nossos sonhos e compreender que a nossa felicidade vai muito além daquela caixinha que a gente pensava que guardava nossa realização. A vida é mais. A vida é profunda, abundante e repleta de aventuras. Existem muitas delas nos aguardando para serem vividas. Temos, sim, o direito de chorar por nossas decepções e viver o luto, que também faz parte do processo do fim de um ciclo. Porém, temos também o dever com o nosso coração de não nos limitar ao que não se realizou

Há toda uma vida nos aguardando para ser vivida, e a gente não deve se negar o direito de vivê-la e de encontrar a felicidade que nos aguarda. Mesmo que esta esteja em caminhos que a gente nunca considerou. Por vezes, a real beleza da vida é vê-la fugir dos nossos planos e fazer a gente entender que nem toda desilusão é uma tragédia — às vezes, é um presente disfarçado.

A felicidade está na maneira como nos relacionamos com a existência.

Procuramos tanto algo à nossa volta que nos satisfaça, alguma coisa que nos preencha, até que um dia percebemos que não se trata de alguma coisa e nem de algum lugar, mas de como estamos gerenciando o mundo dentro de nós. É certo que muitas coisas externas nos fazem bem, mas ter a crença de que apenas isso basta é se prender a uma ilusão que fará com que nos sintamos vazios, não importa o quanto tenhamos conquistado. Na vida, não é importante apenas ter, mas aprender, aproveitar, sentir, filtrar e compreender que ela é movimento e transformação. É como uma grande dança na qual, quanto mais estivermos no ritmo, mais fluiremos com naturalidade e alegria pelas experiências da vida. A felicidade está na maneira como nos relacionamos com a existência.

"Às vezes, a gente desperta pela dor.

Às vezes, a gente desperta pelo exemplo.

Às vezes, a gente desperta pela necessidade.

Às vezes, a gente desperta quando se cansa.

Às vezes, a gente desperta em prol dos nossos sonhos.

Às vezes, a gente desperta por um *insight* em um dia qualquer que nos diz que tudo pode ser diferente.

Na vida são vários os despertadores que tentam nos acordar para o nosso valor, para a busca de situações melhores e da nossa realização.

Todos são importantes, e a vida sempre nos manda um despertador.

Que estejamos prontos para ouvir. Que entre cada um deles o mais ouvido seja o amor, porque, se alguns despertadores são dolorosos, o amor é o único que nos acorda fazendo carinho na alma."

Viver de verdade é ser fiel a si.

Minha alma nunca se satisfez com o comum. Não que ela precisasse de grandes luxos. Mas ela sempre pediu por magia, por sentido e por autenticidade. Não sei viver uma vida sem significado. Ela sempre se recusou a viver o que a maioria queria ou o que os outros diziam apenas para agradar. Ela sempre me fez consciente de que minha maior missão neste mundo era comigo e que de nada valia uma vida sem a beleza de viver por aquilo que eu amava. Isso por vezes pode ter me feito ser o estranho, o diferente. E, se a princípio isso foi causa de dor, com o tempo percebi o privilégio que é ser assim e viver uma vida que era alinhada àquilo que meu coração pedia. Minha alma sempre me questionou sobre o que estou fazendo aqui. Se estou vivendo ou apenas existindo. Escolhi viver. E viver mesmo é ser fiel a si mesmo!

"Seja sempre você, do seu jeito, dentro das particularidades que o tornam quem é. Nem todos gostarão. Nem todos precisam gostar. Você sempre encontrará afeto e apoio naqueles que se alinham a você. Lembre-se de que ninguém encontra o que é seu fingindo ser alguém que não é."

Com o tempo...

Com o tempo, vai doendo menos.

Com o tempo, a gente vai largando as mágoas e ficando com os aprendizados.

Com o tempo, a gente para de brigar com o passado e entende que o presente é belo demais para deixar de aproveitá-lo.

Com o tempo, a gente entende com serenidade que algumas coisas não eram "para ser" e que tudo aconteceu como devia.

Com o tempo, vamos aprendendo a nos despedir de pessoas sem nos despedir da nossa capacidade de amar.

Com o tempo, nos tornamos mais resilientes, mais pacientes, mais compreensivos, mais gratos pelo hoje, e percebemos que nada do que vivemos, independentemente de ter sido como queríamos ou não, vale a nossa paz.

Com o tempo, aceitamos que o passado não pode ser mudado, que o presente está aí para ser vivido, e que o futuro é um eterno convite aos recomeços e às novas aventuras.

"Mais do que tudo, a gente precisa da própria força, do próprio incentivo e do próprio afeto. Claro que todo apoio externo é importante, mas se dentro da gente não dissermos 'sim' para nossos sonhos, jamais daremos um passo adiante."

Tempos difíceis vêm para despertar o nosso melhor.

Descobri minha luz nos dias mais sombrios.

Encontrei minha força exatamente quando me sentia mais frágil.

Despertei minha compaixão nos períodos mais ferozes da vida.

Achei minha coragem nas situações que eu mais temi.

Foi nos desafios diários da vida que o meu melhor aflorou. Cada dificuldade foi um estímulo para o meu crescimento. É assim que entendi que somos muito mais capazes do que pensamos, que não há dor que dure para sempre nem desafio que não possa ser superado quando acreditamos em nós. Muitas vezes, os tempos difíceis vêm para nos mostrar tudo de que somos capazes e não sabíamos.

"Jamais se abandone, jamais permita que uma desilusão o faça parar a caminhada, jamais deixe que uma pessoa defina o seu valor e nunca acredite que um dia ruim resume a sua vida."

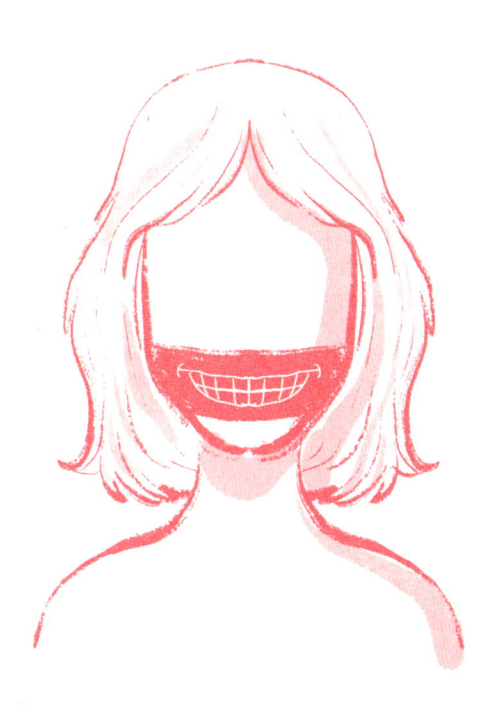

"Enquanto você estiver ao seu lado, toda felicidade é possível!"

Na hora certa, a porta exata se abrirá.

A vida jamais diz não. Ela diz que "não é por aí" ou "não é agora". Mas ela jamais nos nega algo de verdade. A vida sabe o que é nosso. Sabe o que faz parte do nosso caminho. E cada "não" é, na verdade, um redirecionamento, uma mensagem sutil a nos orientar. Talvez algumas portas não se abram, pois não são nossas. Outras porque ainda não seja o momento. Mas certamente a vida nos levará para a porta exata, que se abrirá no momento certo se não desistirmos de encontrá-la.

Não terceirize a responsabilidade de cuidar de si.

Faça coisas por você. Coloque-se na sua lista de prioridades. Deixe na sua agenda momentos para o seu lazer, seu desenvolvimento, seu bem-estar. Não terceirize a responsabilidade de cuidar de si. Passamos tanto tempo esperando que alguém cuide de nós que nos esquecemos de que não é dever do outro fazer isso; é nosso. Autocuidado jamais será egoísmo. Cuidar de si não significa que você deva abrir mão de fazer bem ao outro, e sim que você deve se incluir na lista de boas ações.

Quem se cuida se ama, cultiva o próprio bem-estar, emana energia positiva aos outros e jamais se deixa para depois. O melhor momento para cuidar bem de si mesmo é o agora.

Os maiores recomeços são silenciosos.

Nem sempre os recomeços são evidentes ou avassaladores. Muitas vezes, eles começam devagar, em pequenas doses de mudanças externas e internas. Surgem da soma de novas atitudes, de escolhas diferentes, da ousadia diária de tentar algo novo. E, assim, novas histórias são escritas. Isso mostra que, quando queremos mudar algo, não precisamos mudar necessariamente tudo ou fazê-lo instantaneamente. Podemos mudar pouco a pouco, como quem, de tempos em tempos, poda os galhos dessa árvore da própria vida, e permite que ela cresça, floresça e dê novos frutos.

O diálogo constrói pontes.

Diálogos curam.

Nem sempre o outro está disposto a ouvir, nem sempre está preparado para entender. Mas sem conversa não há esclarecimento, apenas suposições. O diálogo revela tanto sobre o que sentimos quanto sobre a disposição do outro para ouvir e compreender. Pessoas que não têm disposição para o diálogo estão dizendo muito sobre sua capacidade de se relacionar de forma sadia. É preciso falar. É necessário saber ouvir. E é fundamental a vontade para compreender e encontrar caminhos que conciliem os desejos e sentimentos de ambos. A falta de diálogo sadio cria abismos entre as pessoas. A conversa bem-intencionada constrói pontes.

Se sentir merecedor é abrir a porta para o melhor.

É preciso estar disponível para receber.

O melhor não entra em nossas vidas quando encontra a porta fechada.

Disponibilidade é estar aberto ao melhor, de corpo e alma. É mais do que simplesmente querer. É estar disposto a passar por todas as experiências que contemplam esse processo.

É deixar o medo de lado e ignorar todas as vozes negativas que tentam nos dizer que não merecemos o melhor. Aceitar que a vida pode ser bela, que o amor pode ser leve, que o bem-estar pode ser real é o primeiro passo para dizer à vida: "Sim, eu aceito receber a felicidade em meu caminho". Sentir-se merecedor é abrir a porta para o melhor.

Quando o amor chega.

O amor não pergunta se você já está pronto, se já curou seus traumas e feridas do passado, se deseja se envolver ou se ainda acredita nele. O amor não pergunta se você quer amar, se está disposto a ser amado, se tem espaço para mais um em sua vida ou se tem medo de se enganar mais uma vez. O amor não pergunta a que horas ele deve chegar, quantos amores você já teve, se você se considera belo ou bem-sucedido o suficiente. Ele apenas chega.

E, quando chega, você pode aceitar vivê-lo ou não. Será sempre uma escolha sua. Mas, independentemente da sua decisão, ele estará ali. Porque ele tem uma autonomia emocional. Nem sempre virá na melhor hora e, na grande maioria das vezes, não seguirá a razão. Mas, tem uma mania de dar mais sentido às nossas vidas e, se aceito, costuma nos levar às mais impactantes experiências. Podemos nos recusar a amar ou não nos considerarmos dignos do amor.

Mas ninguém pode fugir dele, e abraçá-lo de verdade pode assustar, assim como pode tornar tudo mais bonito. A verdade é que nascemos para amar.

A reação é muito mais importante do que a situação.

A vida se torna mais bonita quando tentamos ver o lado bom das coisas. Claro que há realidades difíceis a serem enfrentadas; mas, se não trabalharmos nosso olhar para aprender a reconhecer as bênçãos que mesmo os momentos mais difíceis podem trazer, jamais aprenderemos a enxergar o que é bom, mesmo que a nossa vida tenha situações positivas. Enxergar o bom, o belo, a bênção, a lição e o propósito é um modo de vida. É um treinamento diário que, com o tempo, nos dá forças para enfrentar as adversidades e celebrar a alegria de saber que na vida nada é por acaso. Pois a vida é constituída muito mais de como reagimos a ela do que dos eventos que se apresentam para nós.

Sobre ser bom.

Bondade não é dizer sim para tudo e nem aceitar abusos. Bondade não é fazer pelo outro enquanto passa por cima de si mesmo. Bondade não é fazer esperando pelo retorno. Bondade é agir pelo coração, é fazer porque te faz bem, porque tem sentido para a sua alma. A bondade é pura e despretensiosa. Não espera nada e, mesmo assim, recebe muito. E recebe primeiro na própria satisfação de se expressar, fazendo bem ao outro, sem que, para isso, precise fazer mal para si mesmo — pois a bondade verdadeira é aquela que abraça a todos.

Compartilhando propósitos e conectando pessoas
Visite nosso site e fique por dentro dos nossos lançamentos:
www.gruponovoseculo.com.br

- facebook/novoseculoeditora
- @novoseculoeditora
- @NovoSeculo
- novo século editora

gruponovoseculo.com.br

Edição: 1.ª edição
Fonte: IBM Plex Serif